Bodegón
Still Life

Poetry
Linda C. Ehrlich

Spanish Translation
Helena Rotés

Design
Jared Bendis

Copyright © 2012 - Linda C. Ehrlich - All Rights Reserved
Shika Press
ISBN - 978-0-9858786-2-7

Acknowledgements

I would like to express my thanks to the Bogliasco Foundation (Liguria Study Center) and the Semester at Sea program. Several of the poems were written during those sojourns. Special thanks to the poets Tomaz Šalamun, Paul Roth, and Cristián Gómez Olivares for their suggestions, to Jaume Almirall for his help with the elegant Spanish translations, and to photographer Mark Citret for the use of the cover image.

Illustrations were purchased thanks to a Senior Scholars grant from Case Western Reserve University.

"Meléndez" was published in *The Bitter Oleander* 13:2 (Fall 2007).
"Cubist World" was published in *Literary Arts Hawaii* 91 (1989).

This book is dedicated to my friends in Spain for their encouragement and inspiration over the years.

Poems

Quince / *Membrillo*

Blood Orange / *Naranja Sanguina*

Morandi

Olive / *Olivo*

Still Life / *Naturaleza Quieta*

Fig / *Higuera*

Walnut / *Nuez*

Cubist World / *Mundo Cubista*

Grain / *Mies*

Pomegranate / *Granada*

Lemon / *Limón*

Meléndez

Carob / *Algarroba*

Almond / *Almendro*

Still Life II / *Naturaleza Quieta II*

Vineyard / *La Vid*

Zurbarán

Illustrations

Quince (1997) - Cover

gelatin silver print by Mark Citret

courtesy of the photographer

Still Life (1953) – Page 13

oil on canvas by Giorgio Morandi

courtesy of the Phillips Collection, Washington D.C.

Still Life with Bread, a Jug, and a Napkin (after c. 1830) – Page 35

oil on canvas after Luis Meléndez

courtesy of the North Carolina Museum of Art 52.9175

Still Life with Lemons, Oranges, and a Rose (1633) – Page 51

oil on canvas by Francisco de Zurbarán

courtesy of the Norton Simon Foundation, F 1972.06.P

Membrillo

Fragancia de almizcle

*No en las horas tempranas cuando la niebla aún
yace en las colinas.*

No en la claridad meridiana del sol.

*La vaga promesa
de placer que anuncia el mediodía
disolviéndose*

*en marfil,
amarillo,
y aire.*

*De improviso
     montañas
Y también de improviso,
     ya no están.*

*Como una fotografía que cae de la pared.
Como la tristeza.*

Quince

Fragrance of musk.

Not the early morning hours when mist still
lies over the hills.

Not the clear noonday sun.

Midday's
uncertain promise of pleasure
dissolving

into ivory,
yellow,
and air.

Suddenly,
     mountains
And just as suddenly,
     gone.

Like a photograph fallen from the wall.
Like sorrow.

Naranja Sanguina

Naranja sanguina, qué nombre tan desacertado.

Humeante aparición de la mañana, saludo de la Primavera
    rojo granate, fuego,
      pero nunca sangre.

Naranja de la paz traída de las costas de China.

Memoria encendida
del sol de mediodía

¡Naranja sanguina, qué nombre tan desacertado!

Blood Orange

Blood orange, they have misnamed you.

Smoky glance of morning, welcome of Spring
      scarlet red, fire,
        but never blood.

Peace orange from China's shores.

Burning reminder
of the noonday sun.

Blood orange, they have misnamed you!

Not noble enough, the critics sneered. Sánchez Cotán's monastic cabbages hanging from strings. Lazy curl of a lemon peel. Sweetmeats, like geometrical heavens, forgotten, balanced on a plain wooden box.

Carecen de nobleza, dijeron los críticos con desprecio. Las coles monásticas de Sánchez Cotán, sujetas con cordeles. El rizo perezoso de una corteza de limón. Confites, como paraísos geométricos, olvidados, tirados en una sencilla caja de madera.

Morandi

*Vasijas de barro
erguidas contra el cielo*

    Suspirando

los últimos colores del mundo.

Morandi

Clay vessels
tower against the sky

      Sighing

the last colors of the world.

"If I could paint, and had the necessary time, I should devote myself for a few years to making pictures only of olive trees."

Aldous Huxley

"Si supiera pintar, y tuviera el tiempo necesario, me dedicaría durante unos años a pintar únicamente olivos"

Aldous Huxley

Olivo

"...los olivos en este momento....El follaje de plata vieja y el verde plateado sobre el azul. Y la tierra color naranja, revuelta. Son totalmente distintos de lo que pensamos en el norte" (una carta de Van Gogh)

Un suelo pedregoso.
Un suelo seco.

Viejas ramas de un tronco añoso
inclinadas
como en una llamada a la oración.

Los olivos hunden sus raíces en la tierra,
    sin pedir mucho.

Ofrecen la panza incandescente
de sus hojas
    con un leve toque de naranja oscuro.

Anida allá en lo alto
en las ramas del árbol de la sabiduría
y libera tu fruto

    como luz,

    como aire.

Olive

"…the olives at this moment…The old silver foliage and the silver-green against the blue. And the orange-hued turned earth. They are totally different from what one thinks in the north" (a letter from Van Gogh)

A rocky ground.
A dry ground.

Ancient branches
from a weathered trunk
 twisted like the call to prayer.

Olive trees sink their roots into the soil,
    not asking too much.

Incandescent belly
of their leaves
    with a faint hint of burnt orange.

Build your nest high
in the branches of the tree of wisdom
and shake free its fruit

    like light,

    like air.

Naturaleza Quieta

Oh, ser una sencilla mesa de madera,

o un jarrón, blanco cremoso.

Pero no un arenque
    colgado
    de un hilo,

o una cereza   *sosteniéndose*
    precariamente
    en un anaquel.

Sólo una ciruela
a salvo
en un cuenco bajo

o una cebolla,

o una mano humana.

Still Life

Oh, to be a plain wooden table,

or a pitcher, creamy white.

But not a herring
      hanging
        from a thread,

or a cherry   balanced
      precariously
      on a ledge.

Only a plum
safe
in a shallow bowl

or an onion,

or a human hand.

Higuera

Higuera sagrada.

*Tus raices
alcanzan los cielos.*

*Desterrada
eres estéril,*

pero cuando descansas

*tus frutos son como una mujer
con niño,*

*una odalisca
recostada.*

Fig

Sacred fig.

Your roots
reach up to Heaven.

In exile
barren,

but at rest

your fruit is like a woman
with child,

an odalisque
reclining.

Nuez

*Mensajeros del Cáucaso
y de lejanas montañas del norte de Grecia*

*viajan
por peñascos escarpados
grietas abiertas
     con descarado abandono*

*(Sacos llenos de nueces
     con su sabor
       a noche)*

¡Cuidado!

*¡Pequeños soldados
observan desde sus recámaras
con ojos de acero!*

Walnut

Messengers from the Caucasus
and from distant mountains of northern Greece

journey
across craggy peaks
split open
      with brazen abandon

(Bags full of walnuts
      with their taste
      of night)

Take care!

Miniature soldiers
peer out from their chambers
with eyes of steel!

Mundo Cubista

tan sólo el borde de la cuchara
pegada
sobre la madera /

    su sombra vacilante
imitando
a un Arlequín
de ojos desorbitados
    y moribundo.

Y podría ser cualquier cosa

o ninguna

sino el borde
    de un cuenco lleno de cerezas
atrapado en un ropaje esférico.

Cubist World

only the edge of the spoon
pasted
against wood /

    its faltering shadow
echoing
a Harlequin
wide-eyed
    and dying.

And it could be anything

or nothing

but the edge
    of a bowl full of cherries
trapped in a spherical garb.

The garden and the iron frame. Lemons groan under its weight. Oranges turn white.

Righteous men.

Destruction.

El jardín y la estructura de hierro. Limones aplastados bajo su peso. Naranjas que blanquean.

Hombres justos.

Destrucción.

Mies

Susurros sobre la tierra agrietada.
La piel áspera
del campo

(Cuidado con la gente que añade piedras
al trigo)

Cuando trabajamos, nos comemos la miga
del pan

o nos comemos
la corteza,

pero nunca lo comemos todo a la vez –

Nunca.

Grain

Whispers of the crevassed earth.
Rough skin
of land

(Beware of men who offer wheat
mixed with stones)

As we work, we eat out of the center
of the bread

or we eat
the crust,

but we never eat it all at once –

Never.

Granada

Cuando estás cerca, gavillas de trigo caen de los cielos.

Granada, esa estrella punteada de rojo.
    Rimon, ruman, romana.

El alba es un caballo. El alba es un caballo que nunca duerme.

(¿Cómo pudo San Juan de la Cruz llamarte ni hombre ni mujer, sólo
    la dulzura del aire, la redondez del amor?)

Un laberinto cristalino
de membranas y semillas.

Granada
roja hendidura madura para ser devorada

Rimon, ruman, romana.

Pomegranate

When you are near, sheaves of wheat fall from the heavens.

Pomegranate, red-tipped star.
    Rimon, ruman, romana.

Dawn is a horse. Dawn is a horse that never sleeps.

(How could St. John of the Cross call you neither man nor woman,
    only sweetness of air, roundness of love?)

Crystalline maze
of membranes and seeds.

Pomegranate
red ripe split for devouring

Rimon, ruman, romana.

Limón

¡Limón!

*Fruto del tronco de marfil,
el cielo te arropa.*

*Salpicaduras de sol
atrapadas.*

*Un amor,
como el sabor de limones frescos
tras semanas de viaje por mar.*

Lemon

Lemon!

    Fruit of the ivory stem,
    the sky surrounds you.

Flecks of sun
enshrined.

A love,
like the taste of fresh lemons
after weeks of travelling at sea.

Meléndez

Pobre Meléndez.
Toda una vida dedicada a pintar bodegones.

Peces boquiabiertos y cántaros de un blanco cremoso,
doradas jarras de aceite,
incluso el papel que envolvía los ajos.

(¡Y esas tormentas de melones! Esas abruptas montañas de queso!)

Abordamos un bodegón de Meléndez
para recordar

(la abudancia)

el hambre.

Meléndez

Poor Meléndez.

A whole life spent painting bodegones.

Gap-mouthed fish and creamy white pitchers,
golden jars of oil,
even the paper the garlic is wrapped in.

      (Such a storm of melons! such rough mountains of cheese!)

We turn to a still life by Meléndez
to remember

                                      (abundance)

Hunger

Behind the black background of the bodegón, narrow alleyways lead down to a turquoise sea.

Tras el fondo oscuro del bodegón, estrechos callejones descienden hacia el mar turquesa.

Algarroba

Algarroba
dulzura engañosa.

Como una espada
o un saltamontes doblado en ángulo.

San Juan te escogió contra el hambre
y tiñó sus ropas
de un dorado brillante con tus cáscaras.

Hoz de la tierra agrietada.

Ahora los niños
se llenan los bolsillos a rebosar

(¡como si fuera chocolate!)

pero tiran las vainas marrones   sin cuidado
al suelo

y se van.

Carob

Carob
duplicitous sweet.

Like a sword
or a locust hunched over.

St. John chose you over starvation
and stained his robes
a light-golden color with your husks.

Sickle of the wrinkled land.

Now children
stuff their pockets full

(almost like chocolate!)

but then they toss the brown pods   carelessly
onto the ground

and walk away.

Almendro

Visión del almendro,
campos de nieve fuera de estación.

Color de arena,
de mañanas perdidas.

Quisiera despertarme con el consuelo del almendro

(Blancos capullos
cálidos
sobre la tierra helada)

Quisiera estar ahí

quieta

y satisfecha.

Almond

Glances of the almond tree,
unseasonal snow.

Color of sand,
of lost mornings.

I would like to awaken to a consolation of almonds

(White blossoms
warm
against a frozen ground)

I would like to be

still

and satisfied.

Naturaleza Quieta II

*una hoja
sobre la nieve
o un montón de hojas
enmarcadas en blanco.*

*O un estallido de manzanas
rojas como soles
sobre el antepecho azul.*

*Una figura alargada
al final del callejón –*

*un punto
sobre la pared.*

Still Life II

one leaf
against the snow
or a jumble of leaves
framed in white.

Or a burst of apples
red as suns
against a blue sill.

One long figure
at the end of an alley –

a point
against the wall.

La Vid

*Lágrimas de los profetas
transmutadoras de almas.*

*No la jarra
sino el vino dentro de ella,*

No la flor sino la semilla.

*Nos sentamos juntos
bajo un dosel púrpura,*

*y vertemos el vino nuestro
gota a gota
en memoria de nuestros enemigos.*

*Como árboles diminutos
en la palma
de la mano.*

Lágrimas de los profetas,

*y laberintos
de luz.*

Vineyard

Tears of the prophets,
transformers of souls.

Not the jar
but the wine therein,

Not the flower but the seed.

We sit together
beneath a purple canopy,

and pour out our wine
drop by drop
in memory of our enemies.

Miniature trees
in the palm
of our hand.

Tears of the prophets,

and labyrinths
of light.

Zurbarán

Calma cuando la hija se ha ido a la escuela.

Una flor rosa
descansa solitaria
sobre una bandeja de plata

(el apremio del día,
el rugido del día)

Y sin embargo,
como chocolate negro y espeso
caliente
en una taza de porcelana blanca

mi vida estará a resguardo
de la oscuridad.

Un sencillo cesto de mimbre
lleno
de blancos capullos de azahar,

un plato redondo de cobre
con rastros del alba.

Zurbarán

Quiet after the child has left for school.

A single pink flower
rests
on a silver plate

(press of the day,
roar of the day)

And yet,
like rich dark chocolate
warm
in a white porcelain cup

my life will be sheltered
against darkness.

A plain wicker basket
full
of white orange blossoms,

a round copper platter
with traces of dawn.

Poet, essayist, & editor, Linda C. Ehrlich has written and taught extensively about Spanish cinema and about art & film. Her poetry has been gathered into two collections: *In the Breathing Time*, and *Night Harbour* (both through Shika Press) and has been published in *The Bitter Oleander*, *Poetry International*, and other literary journals. Note her commentary on the Criterion DVD of the Spanish film *The Spirit of the Beehive* (*El espíritu de la colmena*, director Víctor Erice).

Helena Rotés is a teacher of courses on Art and Literature at Escola d'Escriptura (Creative Writing School) de l'Ateneu Barcelonès (Barcelona, Spain). She is also a writer and occasional translator. She has published *El Libro de Rosalinda* (ed. Deriva), *De la finestra al balcó* (ed. Proa) and *El sueño del hombre gris* (ibuksgrup).

Jared Bendis is the Creative New Media Officer for Case Western Reserve University's Kelvin Smith Library. He is also an installation artist, photographer, teacher, playwright and filmmaker.

www.ingramcontent.com/pod-product-compliance
Lightning Source LLC
Chambersburg PA
CBHW042122040426
42450CB00002B/39